LA RÉPARATION
des
DOMMAGES DE GUERRE

Pourquoi
et Comment

la Loi votée par la Chambre

DOIT ÊTRE REFAITE

DÉDIÉ A MESSIEURS LES SÉNATEURS

PAR

UN SINISTRÉ

Abel PIFRE, Ing^r,

Paris, Albert et Valenciennes.

22 Mars 1917.

LA RÉPARATION
des
DOMMAGES DE GUERRE

Pourquoi
et Comment
la Loi votée par la Chambre
DOIT ÊTRE REFAITE

Dédié a Messieurs les Sénateurs

par

UN SINISTRÉ

Abel PIFRE, Ing^r,
Paris, Albert et Valenciennes,

22 Mars 1917.

AUX SÉNATEURS

Messieurs,

Par la Déclaration du Gouvernement, formulée le 22 décembre 1914 ; puis, par l'Article 12 de la Loi de Finances, votée quatre jours plus tard ; enfin, par des affirmations ultérieures solennelles, réitérées, *l'État français s'est reconnu débiteur,* envers ses nationaux, *du montant des dommages de guerre qu'ils auront subis.*

Du fait même de son établissement, le droit, ainsi proclamé, relève de toute la législation traditionnelle au profit du créancier. En conséquence, si une procédure nouvelle est à instituer pour activer, par voie amiable, des règlements complexes et nombreux, le recours usuel en justice doit-il rester la garantie suprême pour le réclamant.

Or, il nous semble que l'État, reniant en quelque sorte la qualité de débiteur expressément assumée par lui, voudrait maintenant user de ce qu'il est la *force,* pour limiter, par des restrictions, des délais, et même des pénalités, l'obligation qu'il a souscrite.

Plus arbitrairement encore, *il supprime la garantie des juridictions légitimes, pour attribuer à des mandataires, désignés par lui, la fixation unilatérale de ce qu'il doit, ou ne doit pas.*

De ce qu'il affirmait être pour lui une dette, il fait une aumone conditionnelle, ou un prêt.

Tel est, dégagé des mots qui l'enveloppent, le sens effectif du texte de loi que vient de voter la Chambre.

Il n'est pas bien difficile de deviner les motifs de tout cela ; et c'est ce qui motive, dans le monde des sinistrés, un mécontentement et une méfiance que l'on semble méconnaître.

On se demande même comment, après de pareilles contradictions entre des principes de justice bruyamment proclamés, et après une telle faillite dans leur application, nos Députés peuvent encore se perdre en conjectures, sur les causes de l'impopularité croissante qui les frappe.

Jamais, peut-être, ils n'ont encore porté une pareille atteinte au crédit de l'État, à leur propre prestige, ni semé des germes aussi graves de mécontentement et de réprobation.

Tant qu'il s'agissait (en temps de paix), de donner des espérances de mieux-être au peuple, par le mirage d'un progrès social dont le temps était un des facteurs, certaines méthodes pouvaient produire leur effet. Mais l'opinion n'est plus ce qu'elle était. Elle discerne, qu'entre la politique qui promet et l'acte qui réalise, il y a une différence immense.

Particulièrement, pour les gens à qui des pertes certaines, des besoins criants, et des promesses sonores d'actes de justice ont ouvert l'horizon des réparations, il n'y a plus que les réalisations qui comptent. Dans cette question des Dommages de Guerre, la nervosité des intéressés a même atteint un point tel, qu'il serait dangereux de l'accentuer encore.

Aussi, cette brève étude, bien qu'elle soit la conclusion de celles qui l'ont précédée (1), n'est-elle pas faite pour être répandue dans le public.

---

(1) *Nos Espoirs et la Réalité* (10 avril 1915).
Nos Déceptions et nos inquiétudes (28 mai 1915).

Œuvre d'un homme instruit par le travail, qui voit les choses en lui-même et par lui-même, qui est une des victimes intéressées à l'éclosion d'une bonne loi, et qui ne subit l'influence d'aucune coterie, elle tend à documenter nos législateurs sur les erreurs à réparer et les améliorations à faire, dans un texte dont dépendra l'ordre public, au lendemain de la guerre.

Cette modeste brochure n'est donc rien de plus qu'un recueil d'idées positives en faveur des amendements heureux dont le Sénat pourra revendiquer le profit.

L'intervention de la Haute Assemblée est, en effet, le dernier espoir des sinistrés de la guerre, pour l'exécution équitable des promesses solennelles qu'ils ont entendues.

Quelques-unes des idées émises ici sont inédites, et basées sur des points de vue auxquels, jusqu'à présent, on n'a point pensé.

C'est pourquoi le Soussigné se permet d'en faire hommage aux membres du Sénat, dans un but de collaboration modeste, et de solidarité française.

Plan de cette Étude.

PREMIÈRE PARTIE

Coup d'œil sur le fondement du droit des Sinistrés, d'après les textes, les précédents, et les déclarations officielles.

DEUXIÈME PARTIE

Comment le Droit ainsi établi est laissé de côté dans son principe même et dans son étendue, par le projet voté à la Chambre.

Étude des dispositions de nature à le rétablir dans son intégrité, conformément aux engagements pris, et des mesures pouvant en assurer l'application loyale et efficace.

TROISIÈME PARTIE

Étude de la question de la Réparation au point de vue de l'intérêt général du pays.

Étude du remploi et de ses répercussions.

Étude de la couverture financière.

Nécessité nationale du relèvement rapide de la vie économique dans les régions sinistrées.

Les solutions pratiques et leurs conditions de succès.

PREMIÈRE PARTIE

I. La Loi des 27 Février et 14 Août 1793
votée par la Convention.

Cette loi, insérée au Recueil des Lois et Actes du Gouvernement (Tome VII, p. 269 et suivantes), comporte dans son article premier, à lui tout seul, la création du droit que les sinistrés invoquent aujourd'hui (1). Il est ainsi conçu :

« LA CONVENTION NATIONALE DÉCLARE, AU NOM DE LA
» NATION, QU'ELLE INDEMNISERA TOUS LES CITOYENS DES PERTES
» QU'ILS ONT ÉPROUVÉES OU QU'ILS ÉPROUVERONT PAR L'INVASION
» DE L'ENNEMI SUR LE TERRITOIRE FRANÇAIS, OU PAR LES DÉMO-
» LITIONS OU COUPES QUE LA DÉFENSE COMMUNE AURA EXIGÉES
» DE NOTRE PART, D'APRÈS LES RÈGLES QUI VONT ÊTRE
» ÉTABLIES. »

Les changements politiques violents qui survinrent à l'époque troublée de la Révolution, firent que ce texte remarquable ne reçut guère d'application. Il fut même abrogé par le Directoire, qui, on le sait, n'avait point, sur les principes, la même franchise que la Convention.

Quoi qu'il en soit, il est intéressant, car il établit qu'aucune nouveauté ne se trouve dans l'idée, dite contemporaine, de la Réparation Nationale des Dommages de Guerre.

---

(1) Voir à ce sujet l'étude très documentée de M. A. Henry, chargé de Cours à la Faculté de Droit de Nancy, *La Révolution et la Réparation des Dommages de Guerre* (publiée par le Comité national).

... « Ce sera toujours l'honneur de la Convention d'avoir, la première, posé la règle de la réparation des dommages » (p. 39).

Il faut, à ce point de vue, le retenir, à cause des efforts faits par tous ceux qui ont travaillé à la Loi actuellement en élaboration, pour s'attribuer le mérite d'avoir créé un droit *nouveau*, jusqu'à présent *inconnu*.

Le rapport très étudié de M. Desplas, au nom de la Commission spéciale de la Chambre des Députés, est caractéristique à ce propos. Quinze pages y sont consacrées à la tentative d'établir cette démonstration de nouveauté.

Le 3 octobre 1916, l'honorable rapporteur a même fait applaudir unanimement à la Chambre, cette déclaration : que la loi allait « Créer le droit ».

M. Viviani, Ministre de la Justice, était non moins applaudi, le même jour, en célébrant le « Droit nouveau ».

Sans insister plus qu'il ne faut sur ce petit accommodement *pro domo* de la vérité historique, qui n'a rien à voir avec le côté positif de l'affaire, nous n'en retiendrons que ceci : Créé ou rajeuni, le droit à la réparation a une existence singulièrement importante, pour que la paternité en soit revendiquée avec une pareille insistance.

Au surplus, il comporte certains précédents de fait, qui affermissent appréciablement son fondement historique.

II. Les précédents.

1° *Les dettes de Louis XVIII.* — La loi du 21 décembre 1814 reconnut comme dettes de l'État les dettes contractées par Louis XVIII et les princes de sa famille pendant l'émigration. Ces dettes furent admises pour la somme de 30 millions, et donnèrent lieu à la création de 1.499.654 francs de rente.

2° *Le milliard des Émigrés.* — La loi du 27 avril 1825 leur reconnut un droit à une indemnité, que les réclamations des intéressés portèrent à la somme de 987.819.962 fr. 96 c.

Pour arrondir ce chiffre, on vota une indemnité globale de UN milliard, servie par une rente de 3o millions.

3° Dans des temps plus modernes, la Loi du 3 juin 1871 établit, au profit de M. Thiers, une indemnité de 1.o53.ooo francs, pour la démolition, par la Commune, de son habitation privée.

4° Enfin, nous citerons encore la loi du 17 juin 1873, qui eut pour objet le remboursement, à la Compagnie des Chemins de fer de l'Est, des 3a5.ooo.ooo représentant la valeur de son réseau d'Alsace-Lorraine, pris par l'État allemand.

Ces précédents, qui s'ajoutent à la loi si nette de la Convention et dont nous nous garderons d'étudier les caractéristiques particulières, montrent que *la Chambre actuelle n'est pas* « LA PREMIÈRE ASSEMBLÉE QUI AIT INSCRIT LE DROIT DU SINISTRÉ DANS LA LOI, DANS CE QUI SERA DEMAIN LA CHARTE DE TOUS CEUX QUI ONT SOUFFERT DE L'INVASION ».

On peut même se demander comment M. VIVIANI a pu mettre son autorité de Ministre de la Justice à la proclamation d'une telle erreur historique ?

Toujours est-il que d'autres ont pensé, bien avant l'époque actuelle, que les dommages causés aux particuliers, par des causes d'ordre public, comportaient une réparation d'ordre également public.

C'est une simple affaire d'équité, et l'on est en droit d'espérer que le Sénat, dans son travail législatif, voudra s'en tenir à ce point de vue, dont la simplicité péremptoire lui épargnera la perte de longues heures, et l'emploi de nombreux kilogs de papier consacrés à des discussions byzantines.

III. — Étendue et nature du règlement promis aux sinistrés.

Elles sont caractérisées, d'abord, par la première déclaration faite.

Le 22 décembre 1914, M. VIVIANI a dit :

« LA FRANCE REDRESSERA CES RUINES, EN ESCOMPTANT, » CERTES, LE PRODUIT DES INDEMNITÉS QUE NOUS EXIGERONS. »

Dans le projet de loi du Gouvernement, en date du 11 mai 1915, portant la signature de M. POINCARÉ, Président de la République et celles de MM. VIVIANI, RIBOT, MALVY et DOUMERGUE, ministres, nous relevons la phrase suivante :

« NOUS ESCOMPTONS LES INDEMNITÉS DE GUERRE QUE NOUS » EXIGERONS ET QUI NE COMPRENDRONT PAS SEULEMENT LA » RANÇON DES DOMMAGES DIRECTS, MAIS ENCORE LE PAIEMENT » DE TOUS LES AUTRES DOMMAGES CAUSÉS AU PAYS ET A SES » HABITANTS, DE TOUS LES PRÉJUDICES, DE TOUTES LES DÉ- » PENSES » :

Dans son rapport, M. DESPLAS s'exprime ainsi *(Journal officiel,* P. 1177, col. 2),

« A L'HEURE DU RÈGLEMENT ENTRE NATIONS, IL N'EST DOU- » TEUX POUR PERSONNE QUE L'ALLEMAGNE DEVRA ACCEPTER DE » PAYER UNE INDEMNITÉ CORRESPONDANTE AUX DOMMAGES DE » TOUTE NATURE CAUSÉS PAR SES FORFAITS ».

Voici mieux : l'article 17 de la loi votée; elle-même prévoit (au point de vue de la non-cumulation d'indemnités) les sommes que l'État Français aura recouvrées :

« POUR LES DOMMAGES DE TOUTE NATURE QUI N'AURONT PAS ÉTÉ » RÉPARÉS, OU QUI NE L'AURONT ÉTÉ QUE PARTIELLEMENT PAR » LA PRÉSENTE LOI ».

Enfin, M. KLOTZ, président de la Commission des 44, à la Chambre, s'est à son tour exprimé ainsi :

« PARCE QUE LE MONTANT DES DOMMAGES CAUSÉS PAR LES FAITS » DE LA GUERRE SERA RÉCLAMÉ A L'ENNEMI, SUR QUI L'ÉTAT » FRANÇAIS DEVRA RECOUVRER LES SOMMES NÉCESSAIRES A LA » RÉPARATION DES DOMMAGES DE TOUTE NATURE QUI ONT ÉTÉ » COMMIS ». (Séance du 26 oct. 1916, *Journal Officiel*, p. 3179.)

M. KLOTZ est même revenu sur cette question si importante, au cours de son discours de clôture de la discussion : (Séance du 23 juin 1915, *Journal Officiel*, page 140) :

« LES AUTRES DOMMAGES, TOUS CEUX QUE LA LOI NE RÉPARE » PAS, QU'ELLE NE RÉPARERA QU'INCOMPLÈTEMENT. SONT INS- » CRITS, DÈS A PRÉSENT, AU PASSIF DE L'ALLEMAGNE, RESPON- » SABLE DE LA GUERRE, AU MÊME TITRE QUE CEUX DONT LA » LOI ASSURE LA RÉPARATION. LE SILENCE DU TEXTE N'AURAIT » PAS EU POUR EFFET D'ÉTEINDRE LA DETTE DE L'ENNEMI. MAIS » IL IMPORTAIT, VONS L'AVEZ COMPRIS, D'AFFIRMER HAUTEMENT, » VIS-A-VIS DE L'AUTEUR DES DOMMAGES, QUE NOTRE REVENDICA- » TION RESTAIT ENTIÈRE ; VIS-A-VIS DES VICTIMES QUE LEURS » DROITS SERAIENT SAUVEGARDÉS DANS TOUTE LEUR ÉTENDUE ; « VIS-A-VIS DE LA NATION, ENFIN, QU'UN JOUR VIENDRAIT OU » JUSTICE SERAIT FAITE, JUSTICE INTÉGRALE POUR TOUTES LES » RUINES, TOUTES LES EXACTIONS, TOUTES LES RAPINES, TOUS LES » FORFAITS. »

*
* *

Nous pourrions faire d'autres citations non moins nettes. Celles-ci (1) suffisent, car elles établissent péremptoirement ceci :

---

(1) Mentionnons, cependant, que dans sa séance du 21 mars 1917, la Chambre, à l'unanimité, votait aux populations libérées. un hommage dont nous extrayons ce passage :

« Elle rappelle que c'est à l'unanimité qu'elle a voté la *loi nationale des dommages, DONT L'ENNEMI RESTE INTÉGRALEMENT RESPONSABLE VIS-A VIS DU PAYS. Journal Officiel,* p. 794.

1° Que l'indemnité qui devra être exigée de l'Allemagne représentera la valeur affectée par les déclarations gouvernementales, au paiement des indemnités dues aux sinistrés ;

2° Que cette indemnité devra comprendre L'INTÉGRALITÉ *et la* TOTALITÉ *des dommages de* TOUTE NATURE, *imputables aux événements de guerre.*

Voilà ce que les sinistrés attendent, n'admettant pas que dans une matière aussi grave que la reconstitution de leurs moyens d'existence, *des paroles prononcées au sein du Parlement, par des personnages officiels, puissent n'avoir été que de* VAINES DÉCLAMATIONS.

Que, par la voix des divers groupements, — plus ou moins dédaignés après leurs contacts avec les pouvoirs publics, — les revendications des sinistrés n'aient pas pris encore une allure aussi catégorique, c'est très naturel.

Mais nous connaissons l'état d'esprit qui existe dans la masse, — actuellement réservée, — pour l'entendre de très près, et nous adjurons le Sénat d'en tenir compte, pour parer à des rancœurs et à des colères qui menacent, et qu'il faut prendre très au sérieux.

Enfin, avant d'en terminer avec l'examen des bases des droits des sinistrés, en ce qui se rattache à l'exercice du droit de propriété applicable à l'indemnité leur appartenant, nous rappellerons que ce droit reste toujours régi par les *Déclarations des Droits de l'Homme* et le *Code civil :*

DÉCLARATION DE 1789. — ARTICLE 16.

« LA PROPRIÉTÉ ÉTANT UN DROIT INVIOLABLE ET SACRÉ, NUL
» NE PEUT EN ÊTRE PRIVÉ, SI CE N'EST LORSQUE LA NÉCESSITÉ
» PUBLIQUE, LÉGALEMENT CONSTATÉE, L'EXIGE ÉVIDEMMENT, ET
» SOUS LES CONDITIONS D'UNE JUSTE ET PRÉALABLE INDEMNITÉ. »

Déclaration de 1792. — Art. 19.

« Nul ne peut être privé de la moindre portion de sa
» propriété sans son consentement, et si ce n'est lorsque
» la nécessité publique l'exige, et sous la condition d'une
» juste et préalable indemnité. »

Code civil. — Article 545.

« Nul ne peut être contraint de céder sa propriété, si
» ce n'est pour cause d'utilité publique, et moyennant une
» juste et préalable indemnité. »

Il ne peut donc y avoir la moindre équivoque : l'indemnité affectée aux sinistrés leur appartient, et, en conséquence, nul ne peut en être privé.

DEUXIÈME PARTIE

Nous venons de voir que le Gouvernement de la France, appuyé par les porte-paroles de la Chambre des Députés, s'est engagé à la RÉPARATION INTÉGRALE des dommages de guerre ; nous avons vu aussi que cette réparation, à laquelle doit être affectée, à titre privilégié, l'indemnité qu'il faudra arracher à l'ennemi, devra s'étendre aux dommages de TOUTE NATURE, causés par la guerre.

Or, la loi qui vient d'être votée par la Chambre institue :

1º Un acquittement conditionnel, limité et différé, de la dette de l'État, ne s'appliquant qu'à une partie du dommage, et à condition que celui-ci soit direct et matériel ;

2º Une juridiction d'exception, d'où sont absentes toutes les garanties usitées même dans les cas les plus analogues, où les intérêts de l'État et ceux des particuliers sont à départager ;

3º Une affectation spéciale de l'indemnité reçue, et cela, sous la forme du remploi, lequel est une atteinte au droit essentiel de la libre disposition de la propriété, en même temps qu'une hérésie économique (1).

Tout cela, en soi-même, serait déjà extrêmement grave ; mais il y a pire encore :

Le titre qu'on a donné à la loi : « LOI DE RÉPARATION INTÉGRALE » apparaît comme un défi.

Comment les sinistrés n'y verraient-ils pas une injure délibérée faite à leur malheur ?

____

(1) Voir plus loin : 3ᵉ partie, chapitre II, nos observations à propos du *remploi*, observations qui restent entières, bien que la Commission sénatoriale semble avoir fait justice d'une telle aberration,

Ils se demandent encore comment il ne s'est pas trouvé, dans une assemblée française, une énorme majorité pour protester, en leur nom, contre un tel abus des mots.

Examinons, l'une après l'autre, les anomalies de principe, auxquelles le Sénat aura à cœur, nous le souhaitons, d'apporter un correctif radical.

I. — Restrictions aux droits des sinistrés.

La plus criante, parce que la plus visible de ces restrictions, est la réduction de 5o o/o de l'indemnité mobilière dépassant un certain chiffre.

Appliquée à ce que l'État a reconnu lui-même être une dette, elle revêt une allure d'arbitraire cynique, qu'il est infiniment pénible de voir se produire en France.

Elle viole le droit de propriété.

Enfin, elle n'a même pas raison d'être dans une recherche d'économie, puisqu'il a été entendu et proclamé que c'est l'ennemi qui paiera.

Maintenir cette disposition dans le texte définitif de la loi, signifierait qu'on préfère ménager les intérêts pécuniaires de l'ennemi, plutôt que reconstituer intégralement l'avoir des Français.

Le Sénat ne peut admettre une pareille idée !

La même réflexion s'applique à la non-réparation des dommages dits indirects, et à la suppression de toute indemnité, pour qui voudra se soustraire à l'obligation de remploi.

Et pourtant, l'État n'a pas le droit de s'affranchir de sa dette, parce que le créancier en emploiera la valeur sous une forme ou l'autre : La dette est reconnue, elle doit être payée. Toute subtilité qui s'écarte de cette règle simple, s'écarte aussi de la probité.

Au surplus, nous montrerons, à la fin de notre étude, que tout remploi non librement consenti, ne profiterait en rien à l'intérêt général, dont l'État et la Chambre invoquent le souci.

*
* *

Nous ne sommes d'ailleurs pas seuls à penser que toute suppression, sur l'indemnité due aux sinistrés, serait une exaction.

En effet, voici ce que M. Ceccaldi, député de l'Aisne, a eu le courage de dire en pleine Chambre (séance du 19 octobre 1916, *Journal Officiel*, p. 3068, 1ʳᵉ col.) :

« DEPUIS QUE VOUS AVEZ ÉTÉ UNANIMES A PROCLAMER QUE » LES ALLEMANDS PAIERAIENT NOS DOMMAGES, EN VERTU DE » QUEL PRINCIPE POUVEZ-VOUS RÉDUIRE LE CAPITAL DE NOS SINIS- » TRÉS, DE QUEL DROIT VOULEZ-VOUS LEUR PRENDRE CE QUI » LEUR APPARTIENT ? »

Arrêtons-nous sur cette citation, pour conclure, encore une fois, que *la suppression pure et simple de toute restriction à la réparation du dommage intégral subi, est le seul moyen, pour l'État, de payer honnêtement la dette qu'il a contractée, et qui, devant l'être aux frais de l'ennemi, et par privilège, ne saurait être réduite, au nom d'un intérêt quelconque.*

D'ailleurs, la quotité de la dette est une chose; le moyen de la régler en est une autre, nous en traiterons plus loin.

II. — Juridiction d'exception.

Au point de vue de l'évaluation des dommages, c'est-à-dire du montant de la dette de l'État, le décret qui, par une anomalie bizarre, a précédé la loi dont il organisait l'application, a institué des commissions *dont la majorité est dans les mains de l'État,* et d'où les compétences sont nettement exclues.

La juridiction créée par la loi procède du même esprit : *sur cinq juges composant le Tribunal des dommages de guerre, il y en a trois qui tiennent leurs pouvoirs du Gouvernement;* les deux autres sont d'origine électorale politique, soigneusement sélectionnés, et par conséquent nullement indépendants.

En outre, dans une question où tout se ramène à vérifier, par des moyens techniques, l'exactitude de chiffres qu'il s'agit d'arrêter, et dont la formation repose sur des éléments d'une extrême complexité, la compétence pratique est écartée. Pourtant, n'était-il pas élémentaire, dès lors qu'on recourait à un organisme spécialement composé, de ne point l'exposer aux erreurs déplorables que commettent si fréquemment les juristes, lorsqu'ils ont à formuler un avis qui sort des questions de droit pur?

Ce dédain des compétences est d'autant plus inouï, que le Tribunal des dommages aura à juger des questions de « remploi », c'est-à-dire à trancher, en même temps que des cas extrêmement ardus d'intérêts particuliers, des problèmes d'ordre économique public, que même les hommes les plus qualifiés n'osent aborder qu'avec une extrême prudence.

*
* *

Les Commissions d'évaluation et le Tribunal des dommages de guerre étant mal composés, par quoi les remplacer ?

La solution est des plus simples :

Pour aboutir à des règlements amiables, facilement et équitablement élaborés, l'État n'a qu'à constituer, d'office, les sinistrés, en Syndicats de cantons ou d'arrondissements.

Ceux-ci nommeront, parmi eux, un bureau qui, aidé d'un personnel technique de son choix, fera les devis des évaluations.

Une fois ces devis établis, les mandataires du Syndicat les discuteront comme mandataires des sinistrés, avec des mandataires techniques de l'État, désignés pour chaque canton ou chaque arrondissement.

On trouvera bien vite des formules générales qui rendront l'accord facile.

Une fois cet accord établi, (avec audition de chaque sinistré pour son cas), il sera notifié audit sinistré qui, s'il l'accepte, se verra immédiatement remettre un titre en bonne et due forme, établissant sa créance sur l'État.

Si le sinistré conteste le chiffre arrêté, il pourra recourir aux garanties légales du droit commun, appliquées par le jury.

Mais, dans ce cas, il y aura des expertises, des débats. une longue procédure, ce qui n'aura rien d'avantageux pour le plaideur. L'on peut donc tenir pour certain que, à moins d'injustice criante ou de prétentions injustifiées, ce recours sera très exceptionnel.

Ainsi qu'il est facile de s'en rendre compte, toute la besogne sera faite par les sinistrés eux-mêmes, qui se contrôleront les uns par les autres; les représentants de l'État n'auront plus qu'un travail de vérification à faire. Tout le monde y trouvera son compte.

On peut donc dire que, si vraiment l'État veut autre chose qu'une mise en tutelle des sinistrés, avec arrière-pensée de jugulations politiques, il ne peut pas adopter de meilleure solution que celle que nous venons d'exposer.

En revanche, il ne peut vraiment pas en trouver de plus anti-juridique, que celle issue des délibérations de la Chambre.

De cela, nous allons donner une nouvelle preuve :

Alors que l'impartialité de toutes les catégories de notre organisation judiciaire, même les plus hautes est garantie par le *droit de récusation,* personne, à notre connaissance, n'a songé à l'introduire dans la loi des dommages.

Étudions donc ce point si important.

Nous rappellerons d'abord que, si la récusation est motivée (art. 378 du Code de procédure civile) pour les magistrats des Cours et Tribunaux, elle est *péremptoire* en matière de jury criminel, de jury d'expropriation, et même de jury de chemins vicinaux.

Or, comme l'article 51 de la Loi des dommages, votée par la Chambre, accorde à certains sinistrés, en matière d'expropriation pour alignement, le bénéfice de l'article 16 de la loi du 21 mai 1836, relative aux chemins vicinaux, *il y aura des sinistrés qui pourront jouir du droit de récusation, qui restera interdit à la grande masse des autres sinistrés.* Et, cependant, que de raisons de récusation pourront avoir les sinistrés, contre ceux qui seront appelés a statuer sur leur cas : rivalités commerciales, démêlés d'intérêts privés, inimitiés familiales, rancunes politiques, incompétence notoire, parenté, etc.

Ces raisons de récusation se présenteront parfois dans le Tribunal des dommages de guerre, et fréquemment dans les commissions cantonales d'évaluation.

Pourquoi, alors, au lieu et place de ces commissions et du Tribunal des dommages, n'avoir pas recours à un *jury,* comme en matière d'expropriation ? Le cas des sinistrés ne présente-t-il pas, d'ailleurs, une très grande analogie avec le cas d'expropriation ?

N'eût-il pas, alors, été digne de la République, n'eût-il pas été simplement juste, de faire confiance aux sinistrés en les associant aux travaux de la réparation? N'eût-il pas été simplement loyal de leur donner cette garantie du *jury compétent?*

La constitution du jury est une institution nettement démocratique, et, dans le cas qui nous occupe, il serait facile d'organiser sa nomination, en vue d'obtenir, des jurés, des garanties réelles de compétence, en même temps que des gages certains de moralité.

* * *

D'après les quelques considérations qui précèdent, on voit sur quels principes simples, pratiques, économiques, expéditifs, pouvaient se constituer les organismes chargés de régler les dommages de guerre.

Consciemment ou instinctivement, les sinistrés en ont eu la notion.

Aussi, l'échafaudage trop savant, trop minutieux, de juridiction, qui figure dans le texte actuel de la loi, leur apparaît-il comme le produit d'intentions suspectes. Ils sont en défiance, ce qui est déplorable pour l'atmosphère dans laquelle s'effectuera le règlement.

Puisse le Sénat, en cette matière, faire œuvre de franchise et de clarté.

Il le fera, nous l'espérons, notamment en établissant que le chiffre de la dette reconnue par l'État envers le sinistré sera celui comportant *réparation* INTÉGRALE du dommage subi, suivant le titre donné à une ébauche de loi, qui établit tout le contraire de la *réparation* INTÉGRALE.

TROISIÈME PARTIE

Ayant examiné. dans la première partie de cette étude, quel était le droit des sinistrés suivant la justice, le droit, et des promesses que la simple loyauté, en dehors de la solidarité nationale, obligerait à tenir scrupuleusement, nous avons montré, dans la deuxième, comment le texte actuel va à l'encontre des principes établis, et par quelles formules éminemment simples, ces principes pourraient être observés à la satisfaction de tous, si on voulait réellement aboutir.

Ceci posé, il nous reste à aborder trois questions capitales, qui se lient au problème de la réparation :

1° Les solutions financières;

2° La question du remploi;

3° Comment une réparation rapide et complète des dommages est une question d'intérêt public, tant au point de vue général, qu'en raison du rôle prédominant joué par les régions sinistrées. dans les productions nécessaires à la France.

I. — Les Solutions financières.

Le projet de loi issu des délibérations de la Chambre, accuse crûment l'incertitude qui semble peser sur les milieux officiels, quant aux moyens de payer l'addition formidable des indemnités, aux sinistrés de la guerre. De là, ces combinaisons de réductions, de déchéances, de délais, de rentes, de prêts même, qui semblent de fort mauvais aloi de la part d'un débiteur dont la dette a été solennellement reconnue.

La première impression qui se dégage de l'examen de la

loi, est qu'on regrette, en haut lieu, d'avoir lancé l'idée de réparation, et qu'on voudrait bien en sortir. Et ceci est détestable pour le crédit de l'État!

La deuxième impression, est qu'on doute de recouvrer l'indemnité de guerre à tirer de l'ennemi.

La troisième, (chez ceux qui croient sentir l'action de certaines forces ténébreuses), est que, peut-être, on ne veut pas aller jusqu'au bout de l'effort à accomplir, pour que l'œuvre de justice se fasse.

Mais le devoir élémentaire des pouvoirs publics est de faire tout ce qu'il faut pour n'avoir pas à en arriver là, car, avec les atouts que les alliés ont de plus en plus dans leur jeu, ne pas aller jusqu'au bout des *réparations, restitutions et garanties,* — suivant l'excellente formule du Président du Conseil, — serait le signe de fautes grossières ou de la capitulation devant les forces de trahison que l'Allemagne, chez nous comme partout ailleurs, cherche à mettre en œuvre. On ne peut pas envisager cela!

L'indemnité de guerre complète doit donc être exigée.

Et elle peut être obtenue.

Si l'Allemagne ne peut la payer en argent, tant au comptant que par annuités, il y a assez de richesses chez elle pour qu'elle paye en nature, ce qui est d'ailleurs une nécessité, pour la reconstitution rapide des moyens d'existence de nos populations des pays envahis.

Il y a en Allemagne, — et chez ses alliés, — des mines, des forêts, des métaux, du matériel industriel, des matières premières, des matériaux, des navires, des locomotives, des wagons, des péniches, des meubles, etc., etc... Il n'y a qu'à opérer des reprises qui seront d'autant plus légitimes, qu'elles constitueront la simple compensation du préjudice causé par le vol et la dévastation.

Faire remise à l'Allemagne de la plus petite part des compensations qu'elle nous doit, serait une insulte à la justice.

Ce genre d'humanitarisme, — que l'on peut prêcher dans certains milieux inféodés à l'Allemagne, — consisterait à préférer les Allemands dévasteurs aux Français dévastés! Il serait simplement criminel.

Tout cela ne pouvant pas être réglé maintenant, la loi doit donc remettre au moment du traité de paix, l'organisation du système général des paiements à faire aux sinistrés, *d'après ce qu'on aura obtenu au comptant et à terme, de l'Allemagne.* Essayer d'organiser cela *avant*, c'est mettre la charrue avant les bœufs; et l'organiser avec des restrictions, c'est prendre l'attitude, indigne de la France, d'un mauvais débiteur.

Il est absolument nécessaire, redisons-le, que le Sénat efface cette pénible impression.

*
* *

En ce qui concerne l'incertitude du paiement, il faut avoir le courage de séparer les deux étapes :

1º *Fixation du chiffre dû aux sinistrés pour la réparation intégrale du dommage subi;*

2º *Paiement.*

Il faut que la fixation du chiffre se fasse rapidement et loyalement.

Quant au paiement, les sinistrés comprennent fort bien qu'il doit être subordonné aux possibilités financières.

Au lieu donc de prévoir, dès maintenant, un échelonnement qui n'a pas encore de raison d'être, (sauf s'il sert à justifier des réductions et des déchéances), il faut franchement différer toute répartition par l'État, sauf les cas d'urgence extrême, à satisfaire sur les 3oo millions précédemment affectés aux besoins immédiats.

Au jour même du traité de paix, on saura au juste ce qu'on pourra faire et on le fera.

Et si, par malheur, la réparation assurée par l'indemnité de guerre ne pouvait être que partielle, et si tout avait été fait, politiquement, militairement et diplomatiquement, pour qu'elle fût meilleure, tous les Français, en vertu de la solidarité nationale, assureraient le paiement de la dette envers les sinistrés, et il y aurait lieu, alors, d'examiner des méthodes spéciales de paiement.

II. — Remploi (1).

L'idée générale du remploi, simple et séduisante, est de rendre inéluctable la reconstitution des groupements économiques qui faisaient vivre une région ou une ville.

Lorsqu'elle apparut, elle sembla tellement logique, que nous l'avions adoptée, tout d'abord.

Mais, s'il reste dans nos intentions d'y donner personnellement suite, en vertu de tous les liens qui nous attachent à la région ruinée où s'exerçait notre industrie, après examen, *notre sentiment par le principe a évolué au point de devenir nettement opposé à ce qu'a fait la loi actuelle, qui pose le remploi comme une règle, en l'amendant par des dérogations, ce qui, en réalité, constitue une* AGGRAVATION.

---

(1) La Commission sénatoriale a adopté un amendement de M. Touron, sénateur de l'Aisne, qui semble bien infirmer l'obligation du remploi, édictée par l'article 4 de la loi votée par la Chambre. La Commission divise l'indemnité en deux parties : le montant de la perte et celui des frais supplémentaires nécessités par la reconstruction. De plus, *l'octroi de frais supplémentaires est subordonné à la condition du remploi, condition qui n'est pas énoncée pour le montant de la perte*.

La Commission sénatoriale est donc entrée dans la bonne voie; mais il est nécessaire que le Sénat, puis la Chambre, l'y suivent.

Puissent nos observations sur le remploi, qui demeurent entières, aider à ce résultat.

Le comble est qu'on a investi du pouvoir de décision, dans cette immense question faite de tant de questions des plus complexes et des plus graves, des juristes absolument étrangers aux problèmes d'une infinie variété qui leur seront posés.

Prenons l'exemple d'un cas de dispense de remploi :

Voici une industrie. — mettons une fabrique de sucre, — qui était le principal centre de production d'une localité.

Grâce à une bonne argumentation, et surtout à des influences auxquelles le dispositif de la loi laisse le champ aussi libre que possible, l'industriel obtient sa dispense. Du coup, la cité est gravement atteinte : les aubergistes, les boulangers, les épiciers, les producteurs de betteraves, les ouvriers, etc... perdent leur source d'existence.

Obligera-t-on ces sinistrés de l'ennemi, devenus en outre les sinistrés du remploi, à faire ce remploi ?

On dira qu'avec la liberté du remploi et du non-remploi, ce fait pourra également se produire ? C'est exact. *Mais sous le régime de la liberté, quand des ruines se produisent, l'État n'en est pas responsable; tandis que si elles se produisent sous le régime de la tutelle de l'État, les sinistrés pourront se dresser devant lui et lui crier qu'il est l'auteur de cette seconde ruine, et qu'en leur imposant le remploi, il aurait dû leur garantir la possibilité d'en vivre.*

Supposons, au contraire, que le sucrier pris précédemment comme exemple, émigre vers un pays voisin, plus propice à son industrie. Il entraînera avec lui toute la masse d'ouvriers spécialistes qu'il faisait vivre, et qui profiteront des conditions meilleures de prospérité assurées à leur gagne-pain. Les petits commerçants qui gravitaient autour d'eux prendront aussi, librement, les chemins d'une résidence meilleure. Il y aura eu transplantation, c'est vrai, mais au profit de la prospérité générale. Tandis que si, en vertu de l'obligation du remploi, une industrie est contrainte de se réinstaller dans une région devenue défavorable à son développement, elle y végètera d'abord, et entraînera dans sa ruine plus ou moins rapide, tous ceux qui auront dû rester agglomérés autour d'elle.

Prenons maintenant le cas d'une région complètement rasée, comme la partie de la Somme où l'on s'est battu, où l'on se bat encore, et qui s'étend sur une grande partie de deux arrondissements.

Combien d'années faudra-t-il pour rendre à cette contrée jadis si productive, si fertile, si riche par son industrie et sa culture, sa vitalité d'antan? Beaucoup, sans doute.

Et, en attendant ce long retour, on obligerait les sinistrés de la Boisselle, de Thiepval, d'Ercheu, de Flaucourt, de Lihons, d'Hattencourt, par exemple, à aller camper dans un désert où il n'y a plus rien de rien ?

Ce serait une folie. Et pourtant, on entend y obliger les sinistrés, sous peine de confiscation totale de ce que l'État leur doit !

*
* *

La seule vérité est dans la création d'un certain nombre de moyens tels que : facilités spéciales, avantages de transports, priorités, etc... susceptibles de diriger d'une manière souple, par le jeu de convenances personnelles et des intérêts réels, le libre remploi des capitaux, et cela dans un but d'intérêt général, sérieusement étudié.

La contrainte impérative, avec tracasseries administratives, inquisition à demeure chez les sinistrés, sanctions pénales, etc... ne peut aboutir qu'à des énormités.

Si la liberté à des inconvénients (1) pour l'intérêt parti-

---

(1) Elle a aussi de nombreux avantages, tant locaux que régionaux, qui ont justement fait la prospérité de nombreux centres de production.

culier d'un village, d'une petite ville, elle a, par contre, une supériorité d'ensemble dont la valeur positive l'emportera toujours sur ces inconvénients, au point de vue de l'intérêt général proprement dit, dont il semble que la notion devienne de plus en plus confuse chez nos dirigeants, hypnotisés sur la mosaïque plus ou moins électorale, des intérêts théoriques du nombre.

Le remploi se trouvera, en effet, être régulièrement automatique, là où il sera conforme à la possibilité d'une véritable renaissance productrice.

Ce sera le simple jeu d'une loi naturelle bienfaisante, qu'on aura toujours intérêt à favoriser, et qu'il sera toujours malfaisant de fausser.

En effet : vaut-il mieux une industrie qui prospère, transférée dans un endroit nouveau, qu'une industrie qui végète dans un endroit devenu impropre à son extension ? La réponse se fait d'elle-même.

D'ailleurs, les sinistrés qui se trouveront contraints à un remploi désavantageux, préféreront plutôt renoncer à tout ou partie de l'indemnité, qu'à l'engager dans des opérations de nature à leur faire perdre, avec l'argent même de cette indemnité, le temps nécessaire aux travaux d'un remploi mal justifié.

Le principe du remploi étant ainsi mis à bas — du moins, nous l'espérons bien, — il nous faut maintenant attirer l'attention sur une des modalités de la loi, qui ne fait que la rendre encore plus mauvaise : *c'est le délai d'option de deux ans, accordé aux sinistrés, pour choisir entre le dit remploi ou la renonciation,*

Comme il a été conseillé par le bon sens, *et même par des avis officiels,* aux sinistrés, de s'établir en des localités nouvelles pour sauvegarder matériel, matières premières et industrie (1), on peut se demander ce que signifie ce délai ?

Et puis, de même que le « remployeur » ordinaire devra faire, dans son intérêt, tout le possible pour hâter sa réinstallation, par contre, celui qui aura acheté ailleurs un établissement quelconque, fera, de même, tout le possible, pour retarder sa décision définitive, surtout qu'il aura vraisemblablement les moyens d'attendre. Il attendra donc.

Ensuite, s'il voit avantage à remployer dans un milieu déjà reconstitué par les efforts et les sacrifices d'autrui, il le fera. Et peut-être alors viendra-t-il, avec le profit de l'observation, de l'expérience, du capital et d'une clientèle, faire concurrence et prendre de la main-d'œuvre, *aux remployeurs qui auront supporté le poids du premier effort ?*

Le délai de deux ans, si on le maintient en même temps que le principe du remploi, n'*est donc qu'une prime en faveur d'une minorité qui aura pu attendre,* et qui se décidera tardivement à remployer, au détriment de la majorité qui n'aura pas pu profiter dudit délai.

Il y aurait encore pas mal de choses à dire sur la question de savoir si le remploi doit et peut porter sur des objets identiques ou similaires, sur la volonté prédominante et injuste d'un seul copropriétaire, — même infime, — d'un bien, etc..., mais ces questions ont été traitées par la voix autorisée des diverses Associations de sinistrés et du Comité National, qui en ont dit....; ce qu'il fallait en dire.

Concluons, en ce qui nous concerne, sur cette question si importante : que par son principe, qui viole le droit de

---

(1) Voir le rapport ce M. Villault-Duchessois, au nom de la 3ᵉ Sous-Commission de la Commission du Commerce et de l'Industrie, qui a visité les régions de la Somme.

(Ce rapport a été porté à la connaissance des sinistrés, par la presse régionale.)

propriété, comme par son application, qui fausse la renaissance naturelle de la vie économique, le *remploi* de l'indemnité due aux sinistrés de la guerre est essentiellement contraire aux intérêts des sinistrés, des localités et des régions envahies, de la France et de l'État.

III. — La Question des Dommages indirects, des Dommages personnels et des Dommages au travail.

Avant de terminer ce bref schéma des conditions que devra remplir la loi des Dommages de Guerre, pour être une loi honnête, claire, utile, bienfaisante, disons quelques mots de l'étendue qu'elle doit avoir, pour que le terme de « réparation intégrale » ne soit pas une plaisanterie malséante.

Il résulte de la démonstration de principe, faite dans les pages qui précèdent, que la réparation doit s'étendre aux dommages dits indirects, aux dommages personnels, aux dommages moraux. (Sur ce dernier point, en particulier, nous sommes d'accord avec M. E.-H. PERREAU, professeur à la Faculté de Droit de Montpellier, lequel expose, dans une très intéressante étude : *Réparation du dommage moral aux personnes,* que cette réparation est légitime, même en dehors de tout dommage matériel, et qu'elle cadre exactement avec l'évolution de toute notre législation pendant les trente à trente-cinq dernières années).

En ce qui concerne les dommages personnels, attendons la loi qui, paraît-il, se prépare.

Des dommages moraux, aucun de nos législateurs n'a encore parlé.

Pour ce qui est, enfin, des dommages dits indirects, consta-

tons que, par le projet déposé le 16 Janvier 1917 à la Chambre, (Journal Officiel, annexe n° 2874, P. 18), tendant au rachat par l'État des offices publics ou ministériels en cas de dépréciation résultant des dommages de guerre, LE PRINCIPE de la réparation des dommages, dits indirects, *est nettement reconnu.*

*

MAIS IL Y A UNE CATÉGORIE DE RÉPARATIONS A LA FOIS MATÉRIELLES ET PERSONNELLES, QUI A ÉTÉ OUBLIÉE; *c'est celle des* DOMMAGES AU TRAVAIL, *que, dans une de nos précédentes brochures* (1), *nous avons indiquée,* elle aussi, comme devant être réclamée dans l'indemnité de guerre, aux puissances centrales.

Nous la considérons comme d'une importance immense, *car elle intéresse des centaines de milliers de familles de travailleurs, victimes, non seulement des faits généraux de la guerre, mais aussi des faits particuliers de l'invasion.*

En effet, que retrouveront, en rentrant dans les pays sinistrés, après leur libération, les travailleurs de toute catégorie, combattants, réfugiés, déportés ?

Souvent, en plus des pertes matérielles subies, et qui, elles, resteront réparables, ils se trouveront devant des difficultés sans nombre, dans un foyer dévasté, sans foyer même; et, souvent, ils seront fatigués, infériorisés, malades... Que fera-t-on pour ces sinistrés ?

Nous le répétons, nous avons déjà posé la question.

Or, nous n'avons trouvé qu'un écho : celui de la CONFÉDÉRATION GÉNÉRALE DU TRAVAIL, *qui, dans un manifeste du 18 Octobre 1915, adressé aux organisations affiliées, s'exprime ainsi :*

---

(1) *Nos Déceptions et nos Inquiétudes* (mai 1915).

« En premier lieu se place la réparation des dommages
» causés par la guerre. De ces réparations, nous enten-
» dons que ne soit pas exclu le capital-travail, seule
» propriété des prolétaires. »

Il ne nous déplaît aucunement, à nous, industriel, de
nous rencontrer, sur ce terrain, avec une opinion émanant
d'un point de départ aussi différent.

Mais il serait souhaitable que d'autres en eussent aussi
l'idée ou l'adoptassent...

Il y a là une œuvre de justice sociale à accomplir.

* *
*

Du point de vue individuel, relatif aux dommages du
travail, nous nous trouvons tout naturellement amené à
l'examiner au point de vue collectif et national, envisagé
dans tout ce que la reconstitution rapide de la vie productive du Nord et du Nord-Est de la France a d'impérieuse-
ment nécessaire pour l'existence même du pays.

III. — Nécessité d'un Relèvement rapide des Régions du Nord et de l'Est de la France.

Les régions du Nord et du Nord-Est, peuplées de l'élite
française du travail et de l'intelligence (1), payaient à
elles seules le quart de l'impôt. C'est leur population,
la plus travailleuse de toute la France, qui détenait le record

(1) L'auteur de ces lignes peut le dire bien librement ; il est, depuis 27 ans, industriel dans la région sinistrée, où il a la ferme intention de remployer ; mais il est
d'origine charentaise.

du rendement, en matière agricole et industrielle. C'est d'elle surtout que dépendra le relèvement national.

Or, elle n'a été consultée que timidement, vaguement, comme à regret, sur ce qu'il importait de faire pour amener cette renaissance, tandis que le monde politique et administratif s'est arrogé le droit de tout régler, tout arranger, en vertu de cette tyrannie anonyme et aveugle qui se croit une providence, et qu'on appelle la conception d'État.

Cette erreur, qui a déjà amené tant de déboires et de fautes lourdes (parce qn'une conjugaison d'irresponsabilités individuelles et changeantes ne devient pas meilleure que ce qu'elle vaut, en s'intitulant *État*), menace, avec le système d'interventions, de remploi, etc... figurant dans le texte de la Chambre, d'aboutir au désordre général et à l'impuissance finale.

Il est donc nécessaire de rappeler, avec l'espoir que le Sénat voudra bien en tenir compte, ce que les régions dévastées savaient faire par elles-mêmes, sans que l'État s'en mêlât.

Considérant qu'elles devaient leur prospérité à des causes essentiellement locales, géographiques, géologiques, *mises en valeur par leurs habitants,* on en devra conclure que ce qu'il y aura de mieux à faire pour l'avenir, sera de les laisser disposer elles-mêmes des moyens de reconstitution, qu'il importera de leur fournir au plus tôt.

Rappelons, simplement, pour montrer la valeur productive des régions sinistrées, les chiffres officiellement cités à la Tribune de la Chambre, le 12 octobre 1916 *(Journal Officiel,* p. 2998), par M. Tournon, député du Gers.

Production des régions envahies,
comparées à la production totale de la France.

Fonte . . . . 84 o/o.

Acier. . . . . 76 o/o.

Travail des métaux . . . . . 52 o/o du personnel de la ferronnerie.

    —   — . . . . . . 56 o/o du personnel des fabriques de tuyaux et tubes en fer et acier.

    —   — . . . . . . 41 o/o des locomotives et matériel de chemin de fer.

Filature du lin . . . . 91 o/o.

Tissage des toiles . . . . . . 77 o/o.

Batistes et toiles fines . . . . 100 o/o.

Filature de coton . . . . . . 82 o/o.

Tissage du coton . . . . . . 69 o/o.

Filature de la laine . . . . . 62 o/c

Tissage de laine pure . . . . 83 o/o.

Nouveautés en laine et draps. 100 o/o.

Dentelles mécaniques, tulles,
rideaux. . . . . 67 o/o.

Faïencerie . . . . 40 o/o.

Bouteilles de verre . . . . . 45 o/o.

Verres à vitres . . . . 72 o/o.

Glaces sans tain . . . . . . 87 o/o.

Sucre . . . . 79 o/o.

Distillerie . . . . 75 o/o.

Ajoutons, à cette statistique, la déclaration de M. Klotz, en date du 10 octobre 1916, *(Journal Officiel,* p. 2073) :

« Les régions envahies constituent la partie la plus
» peuplée, la plus industrielle du pays ; elles payaient un
» quart de l'impot, un quart de l'annuité successorale,
» elles récoltent le quart de notre production en blé,
» la presque totalité de la production en betteraves a

» SUCRE ET DE DISTILLERIE; ELLES COMPTENT LE CINQUIÈME
» DES USINES DE FRANCE, REPRÉSENTANT LE CINQUIÈME DE LA
» PROPRIÉTÉ BATIE. »

*
* *

Eh bien, nous le répétons, tout cela n'est pas l'effet de l'arbitraire, du hasard, des circonstances, et nous répétons aussi que les causes de cette activité si productive, tiennent en même temps au sol et à la race.

Au sol : par ses mines, ses carrières, etc..., et aussi par la fertilité de ses plaines, fertilité d'ailleurs admirablement entretenue, développée et utilisée par nos paysans.

A la race : car les gens du Nord et du Nord-Est forment une véritable sélection parmi les travailleurs.

Et ces populations sont attachées à leur sol.

La vie familiale est restée en honneur, dans les pays sinistrés. Et puis, chacun aime sa ville, son village, ses traditions, ses distractions, son patois; on aime jusqu'au ciel gris et aux horizons souvent brumeux de la Picardie, de la Flandre, de la Lorraine; on aime, en un mot, sa petite patrie, comme on aime la grande.

Tout cela, qui songe à l'abandonner? De bien rares unités qui, si elles le font, sentent qu'elles y seraient désormais plus encombrantes qu'utiles.

Où donc trouver les mêmes productions naturelles, le même sol, la même main-d'œuvre, les mêmes qualités professionnelles, le même réseau d'organisation économique générale? Où trouver un terrain d'action dont on connaisse à fond tous les modes de mise en valeur? Nulle part, assurément, dans notre bon pays de France.

Il s'en suit donc que le regroupement de nos populations des pays envahis se fera de lui-même, sans effort, là ou les circonstances de production future seront le plus favorables.

Les mineurs iront aux mines, les industries du feu iront près des mines et ainsi de suite. Faire du remploi une obligation, dans des conditions pareilles, c'est croire qu'il est nécessaire d'imposer aux gens, pour faire une omelette, de casser des œufs.

*
* *

Mais de ce que le retour des populations sinistrées sur leur terrain même est fatal, il ne s'en suit pas qu'il se fera tout seul ; or, comme l'immense production qu'elles faisaient avant la guerre sera encore plus nécessaire après la guerre, à la France, il y a une nécessité impérieuse, pour l'intérêt collectif, à ce que tout soit mis en œuvre pour l'aider sans retard.

Aussi, croyons-nous nécessaire d'attirer sur ce point l'attention du Sénat. Car le premier moyen de relever des industries ou des cultures, sans lequel les autres moyens sont inopérants, est de mettre dans la main des industriels et des agriculteurs ce qu'il faut pour y parvenir.

Et ce moyen, c'est surtout l'argent, leur savoir-faire devant suffire, ou à peu près, à tout le reste, et cela d'autant mieux qu'il ne sera pas gêné par l'intervention absorbante et tracassière, des fonctionnaires d'Etat,

Mais pour que l'argent leur soit fourni comme il convient, il faut :

1º Extirper cette phobie maladive qui consiste à redouter de « favoriser le capitalisme », phobie qui, paralysant toute politique économique sérieuse, a fait descendre la France, en trente ans, de plusieurs degrés dans la hiérarchie des nations, et a abouti au sacrifice de vies humaines par centaines de milliers, de milliards par dizaines, alors qu'une puissance industrielle bien développée eût pu nous épargner tous ces malheurs.

2° Trouver l'argent.

*
* *

Or, nous avons vu que le souci bien entendu du crédit de la France, obligeait à ne fixer les modalités du paiement par l'État, qu'en raison de ses possibilités financières lors de la paix, et à ce moment seulement.

Mais, de plus, il faut, de toute nécessité, qu'une organisation bancaire prenne transitoirement la place dudit État, en comptant, à la fois, sur la garantie de ce dernier, et sur le crédit personnel possible des sinistrés. On y a pensé. Et le Gouvernement, comprenant à juste titre que le relèvement de toutes les industries atteintes par la guerre, même en dehors des régions envahies, était une condition de vie ou de mort pour le pays, a entamé des pourparlers avec des banques, en vue de cette œuvre de salut public. Il a été question, a déclaré l'honorable M. Ribot, d'une ouverture de crédit, à cet effet, de 5oo millions.

Mais ce n'est pas tout, que cette ouverture de crédit soit décidée en principe ; il faut qu'elle fonctionne.

Or, plusieurs conditions sont à remplir pour cela :

D'abord, c'est que des mesures d'ordre général réservent aux intérêts français l'usage des capitaux français ; et que l'exode de notre argent, si criminellement favorisé autrefois, au seul profit des nations indifférentes ou ennemies, n'ait plus à être considéré comme une précaution nécessaire par les capitalistes, et, par suite, comme la meilleure des opérations, par les banques. Il n'y a qu'à s'inspirer, pour cela, du mécanisme bancaire que notre ennemie, l'Allemagne, avait si fructueusement fait fonctionner au profit exclusif de ses nationaux.

Il faut ensuite que les banques trouvent une sécurité suffisante dans les avances à faire aux sinistrés. L'indemnité de guerre à recevoir des vaincus sera, certes, un premier gage, d'autant plus sérieux que l'on aura mieux fait rendre gorge à l'Allemagne et à ses complices.

*

Mais les sinistrés étant, par définition, des gens ruinés, les banques ne trouveront auprès d'eux qu'un seul genre de garantie ; la garantie collective.

C'est ici que notre idée de la constitution des sinistrés en syndicats prend une nouvelle forme d'utilité, surtout si les pouvoirs publics veulent enfin faire, à l'occasion de cette utilité nouvelle, ce qui aurait dû être fait depuis si longtemps : la reconnaissance de la capacité et de la responsabilité civile aux organisations formées sous la loi de 1884.

Si on veut aller plus loin, et comprendre que *la meilleure gestion des fonds de relèvement, sera celle des sinistrés eux-mêmes*, combinant l'intérêt de chacun avec l'intérêt collectif de la région, on fera œuvre encore plus utile.

Que les Sénateurs veuillent bien examiner cette question comme nous l'avons fait nous-même (1).

Nul doute qu'ils n'aboutissent à d'excellentes solutions, dont la France entière bénéficiera dès la fin de la guerre.

*

Nous en terminerons ici, après avoir jeté les bases d'un

---

(1) Nous avons déjà émis cette idée en décembre 1914, lorsque nous avons fondé le *Syndicat des Sinistrés d'Albert et sa région.*

programme pratique, et l'avoir soumis en toute déférence à l'étude du Sénat.

Puisse-t-il faire en sorte que la loi, si impatiemment attendue, soit conforme au Droit et à la Justice, qui ont été donnés, à la France, comme les suprêmes et sublimes symboles de ses buts de guerre !

Paris, le 22 mars 1917.

ABEL PIFRE.

161, rue de Courcelles (Paris XVIIe).

IMPRIMERIE CHAIX, RUE BERGÈRE, 20, PARIS. — 3628-3-17. — (Encre Lorilleux).